U0518403

庞雅妮　主编

和小姐姐一起来策展

陕西历史博物馆"玉韫·九州"创意互动书

陕西师范大学出版总社　西安

编辑委员会

主　　任: 侯宁彬

副 主 任: 李树青　庞雅妮　朱　铭　步　雁　路智勇

主　　编: 庞雅妮

副 主 编: 王　棣

撰　　稿: 张　倩　胡中亚　王　棣　汪子菡

编　　辑: 姚蓓蕾　彭　燕　赵　蕾

装帧设计: 高雅洁　张兆晖

目录

策展任务书

策展人：

你好！我们计划在不久的将来举办一场面向青少年的史前玉器大展。请查收你的任务书，和陕西历史博物馆的小姐姐们一起来策划这个别开生面的展览吧！

中国玉文化源远流长、内涵丰富，而其源头则要追溯到遥远的史前时期。远古时代，人们在使用石器的过程中发现了"石之美者"，用其制作的工具不仅格外坚韧，还散发出如春阳般的光泽，于是人们逐渐把它们与普通的石头区分开来，并给它们取名为"玉"。

玉石所蕴含的这种光泽使先民们相信，玉含有丰富的"精气"，也就是能量，故而"美而不朽"。而且，这种"精气"就是宇宙中生生不息的"元气"，正是凭借此"元气"，玉成为沟通天地人神的媒介。如果再依照宇宙运行的模式或氏族祖先的形貌来雕琢玉器，那就更能提升玉器的"法力"了。

从此之后，玉料资源被权力的阶层所垄断，玉石也被雕琢成不同的器形，有的器形上还会雕琢各种各样的纹饰，以呈现其所承载的思想观念。在礼敬天地、祭祀祖先的经常性活动中，在不同区域文化间的频繁互动和交流中，玉器所承载的思想观念，通过神权与族权的护佑，逐渐成为一种更大范围和更为制度化的规范，从而助推了至高王权的产生和对广域社会的控制，文明和国家也因之呼之欲出了。

本次展览的名称是"玉韫·九州"，意在表达九州处处蕴藏美玉，使得中华大地山辉水润；华夏民族爱玉崇玉，助推中华文明玉汝于成。因此，展览的主题可以凝练为"九州韫玉山辉水润，中华文明玉汝于成"。展览将聚焦史前时期的玉器，展示在中华文明形成的关键时期，华夏先民通过对玉石的切磋琢磨，将对宇宙自然的体察和对族群生命掌控的期盼凝结于美石之上，进而助推中华文明形成和早期发展的伟大故事。

来自全国15个省市自治区40多家博物馆的50余件（组）玉器可供你选择。希望你能调动起你的潜能，发挥出你的聪明才智，为本次展览做好策划和组织工作，让更多的小伙伴们能够欣赏到一个好看、好玩，且有意义的展览。

希望通过担任本次展览的主策展人，你的以下几项能力能得以提升：

✔ 敏锐的观察能力和理解能力

✔ 良好的资料搜集和整理能力

✔ 卓越的沟通能力和团队协作能力

✔ 高度的责任感和工作热情

这项任务可能会带来一些挑战。不过别担心，我们会为你提供完善的策展工作指南、策展资料、展品清单和参考书目。同时，陕西历史博物馆"彩陶·中华"和"玉韫·九州"展览核心策展团队的小姐姐们，将作为你的助手，帮助你更好地完成此项任务！

你的展览你做主！期待着你的奇思妙想，期待着一个精彩的青少年版的史前玉器大展！现在就请开启你的策展之旅吧！

陕西历史博物馆 副馆长

策展工作指南

小姐姐

你好，策展人！我是你的策展助手小姐姐，我将协助你按照下列步骤完成策展工作：

策展工作大致分为八个步骤：

一、确定选题 ➡ 二、收集资料 ➡ 三、选择展品 ➡ 四、撰写大纲

五、设计辅展 ➡ 六、形式设计 ➡ 七、展览实施 ➡ 八、展览撤展

一、确定选题

当我们要尝试策划一个展览时，确定展览选题是首要任务。

跟大家平时在学校里写作文一样，有了明确的选题，才能寻找素材、确定主题、选择视角、规划结构等，也才能最终完成一篇主题突出、立意高远、思路清晰、表达新颖的作文。同样的，在展览策划时，选题的确定也至关重要。

那么，怎样确定一个展览选题呢？

"爱""成长""成功""挫折""奋斗"之所以能成为大家常见的作文选题，就是因为它们是常写常新的、有意义的话题。同样，博物馆展览的选题首先也应该是有意义的话题。

博物馆展览是通过"物"来讲故事的，历史文物类展览更是通

过古人留下的"物"来讲故事。展览展示的虽然是古代的"物",却不局限于讲古代故事,而是通过时空的转场,让历史告诉当下,并进而启示未来。

举个例子,"玉韫·九州"展览就是想通过史前时期的玉器,展示中华文明起源和早期发展的伟大进程,以及中华文化的源远流长和博大精深,并以此激发起广大观众,特别是青少年朋友们强烈的文化认同感和文化自信心。

二、收集资料

胸中有丘壑,笔下生山河。大量的阅读无疑是提高写作能力的根本。想想看,写作文前你是不是会读一读同一主题的范文,翻翻你的"日积月累"本?

同样,作为策展人的你在准备展览阶段,要进行大量的资料收集、阅读工作,并对资料进行深入研究。

围绕展览选题来选择和收集资料是首先要做的事情,而且,在选题框架内,资料收集还要尽可能广博。考古发掘报告、历史书籍、研究论文、图册、报刊、传说故事、人物采访……这些都是获取策展资料的重要渠道。当然,你也可以利用网络完成文字、图片、音视频资料的收集。

在获取了大量资料后,信息筛选就成为重中之重。在有限的展览策划周期内,策展人要完成大量的工作,可不能被太多无用信息所干扰,更不能被错误信息所误导。所以,要做好各类信息的分辨和分类工作,确保信息的科学性和准确性。

不妨试着多问自己几个问题:这是真的吗?这准确吗?观众能看懂吗?他们会觉得有趣吗?

实际策展工作中,信息的筛选很复杂,不过你完全不用担心,这次策展助手小姐姐已经为你准备了一些资料。你要做的就是认真阅读这些资料,并思考:我的展览,要用哪些呢?

三、选择展品

毫无疑问,观众们来看展览的一个主要目的就是观看展品。所以,为了让展览更具有吸引力,必须精心选取展品。这些展品从哪里来呢?

一般来说,策展人会根据展览选题,优先选择本馆内的藏品来支撑展览主题。"玉韫·九州"展由于主题宏大,除了陕西历史博物馆的藏品,全国15个省市自治区的36家博物馆及考古单位都被邀请来做我们的合作方,因此,展品的挑选余地非常大!

如何从成千上万的文物中挑选展品?我们可以依次问自己:

1.这件展品和我的展览主题相关吗?(和写作文一样,不能跑题哦!)

2.这件展品是否能吸引观众?(我猜你也希望观众看到展品两眼放光,"哇"的一声叫出来。)

3.这件展品能否支撑相应的内容?(选择合适的展品才会有说服力。)

4.这件展品是重点展品,还是一般展品?(突出重点才会给观众留下更深刻的印象。)

不过要特别注意的是，我们不能只选那些看起来漂亮、闪闪发光的展品。比如那些看起来普通的半成品玉器，可能恰恰反映了玉器是如何加工的，这些信息对观众也很重要！

相信独具慧眼的你，一定会从我们提供的50余件(组)玉器中选择出最合适的展品。

四、撰写大纲

完成了前面的准备工作，就进入撰写展览大纲文本的环节了。就像我们写作文时要列提纲和打草稿，同样的，展览的设计也要有文本大纲。

你可以按照下面的步骤进行设计：

1.凝练主题。

展览标题是展览主题的体现，是展览的灵魂。有的展览只需要一个主标题，有的还需要加一个副标题对主标题进行说明，以共同阐释展览主题。

一个既通俗易懂又别出心裁，还能给人留下深刻印象的标题，才算得上一个好的展览题目。展览主题凝练不够，展览标题就会不够好；展览标题不够好，展览主题就难以彰显。展览如果没有鲜明的主题，等于缺乏灵魂，即使你的展品再珍贵、再丰富，对观众而言也不过是一些没有逻辑和思想的"物"的堆砌。

2.围绕主题规划展览结构。

展览框架结构通过单元、章、节文字来实现。这些内容的设计可以帮助观众迅速了解展览的结构和大致内容。作为策展人，你需要设计出：

①前言：告诉观众展览的缘起、背景、主题及主要内容等。

②单元标题及单元说明：单元是构成展览内容的第一级结构，因此各单元标题应统一，以便于观众清晰地了解展览的基本结构。单元说明需要概括出每单元展示的主要内容是什么。

③章标题及章说明：章是构成展览内容的第二级结构，各章标题也要做到统一、清晰。章说明文字同样要概括这一章的主要内容。

④节标题及节说明：如果有需要，还可以在章之下设节和说明文字，这是展览内容的第三级结构。

⑤结语：对展览内容进行总结，与展览前言首尾呼应，以起到虎头豹尾的良好效果。

3.填充框架结构的具体内容。

你要为展览的每件展品、展品团组编写文字说明，让观众了解每件展品或这一组展品的故事和意义。

这就像你拟好作文的大纲后，要填充细节，你给每个角色和每个场景都加上了有趣的描述，比如勇敢的狮子、聪明的狐狸和神秘的老树……

这些文字说明主要出现在展品的说明牌上。说明牌就像展品的"身份证"。观众在参观展览时，常常通过说明牌来获取展品的具体信息。说明牌的内容一般应包括展品的名称、年代、质地、来源和收藏单位等。文物名称里经常有生僻字，在实际策展中，记得要对它们进行注音或解释。顺便说一句，即使是同一件展品的文字说明，也会根据单元、章、节的不同，而各有侧重。

所谓展品团组，是指有些展品或因为器形相同，或功用相同，或出土于同一考古单位等原因，以成组的形式予以展示，以表现器物的多样性和其所代表文化的丰富性。展品团组说明就是要简洁准确地概括出这组展品想要表达的内容。

完成了上述几大步骤，一个有灵魂、有骨架、有血肉的大纲文本就基本上成形了。

特别需要注意的是，大纲上的文字最终会以各种形式出现在展厅中，所以一定要注意逻辑的严谨性、概念的科学性和文字的准确性。同时，虽然我们说策展就是"讲故事"，但是阅读文字和"阅读"展品的场景毕竟不同。展厅嘈杂的环境、不太明亮的灯光，都使得观众在站立和走动交替过程中"阅读"文字会比较辛苦，因此展览大纲文本还要简洁、通俗、吸引人。

五、设计辅展

为了让展览内容更加丰富和深入，优化观众的观展体验，展览还要增加各类辅助展品。辅助展品种类多样，比较常用的包括：

1.图片：提供相关的展品的背景信息，比如展示文物刚出土时的样子。

2.图表：对展品进行更清晰的示意、解说，比如展品的数量统计、类型统计等。

3.音视频技术：可以有效解释文物内涵，为观众创造身临其境的氛围。

4.道具和模型：有时展览设计中还需要制作专门的道具和模型，来突出某一特定现象或场景，比如通过摆放适当的道具让观众仿佛置身于不同的时代。

5.动画技术：将展品、场景和历史故事以更直观、更有趣的方式呈现出来。

作为策展人，你要学会合理利用不同形式的辅助展品，尽可能充分调动起观众的视觉、听觉、味觉、嗅觉、触觉和直觉等"六感"，帮助观众更好地理解展览、参与展览、享受展览。

六、形式设计

展览的形式设计是一项复杂的工作，简单来说就是通过平面设计、立面设计、色彩选择、氛围营造、艺术品制作等手段，将策展人在大纲中构想的内容在一个规定的空间中呈现给观众。通常来说，一套完整的形式设计方案至少要包括：

1.平面布局图：标明展览各个展区、展品和设施的平面相对位置。策展人规划展厅空间时，不仅要让各个展区的空间大小和展览大纲的单元、章、节比重相匹配，还要仔细考虑展柜、展项、图版、其他辅助展品的布排，展柜之间的距离，重点展品和非重点展品的安置，展品之间的高低、距离等等诸多要素。

2.参观动线：策展人按照展览内容和逻辑为观众设计的参观路线。一个好的参观动线应当简洁、有序、合理，尽量避免歧路、弯路和回头路。参观动线一般通过地标来标识，给予观众清晰的路线引导，帮助观众依照展览逻辑，轻松且流畅地参观展览，有效地理解展览内容，减少他们在观展过程中可能会出现的困惑感和迷失感。

3.配套设计:如果将一个展览比作一台戏,毫无疑问,展品一定是当之无愧的演员和主角,而如果缺少了灯光、色彩、字体、艺术品、多媒体等诸多手段的辅助,孤零零的展品就像"清唱"的演员,那表演效果也一定会大打折扣,配套设计主要包括:

①照明设计:根据展厅和展品特点设计不同的灯光照明,如聚光、漫光、顶光、底光等。

②色彩体系把控:根据展览不同单元、章、节的内容及展品特点,选择一套既统一又有变化的色彩体系。

③字体字号选择:选择不同的字号字体,以体现不同层级的展览内容和艺术风格。

④艺术品:以强化、突显对展览内容的辅助阐释作用。

⑤多媒体项目设置:通过多媒体技术的叠加,为观众提供更加直观、有互动感的参观体验。

在实际工作中,策展人会将上述形式设计用三维立体图呈现出来,这样就能提前代入观众的视角,更加清晰、直观地感受展览的预期展出效果,并在展览施工之前征求各方意见,看看是否还需要对展览形式设计方案予以调整,以取得更加满意的展示效果。

七、展览实施

在展览实施阶段,策展人将面临重重挑战。其中,最重要的几个环节包括:

1.控制展览环境:包括展厅的安防、消防设施的布设和调整,也包括展览场地温度、湿度和空气质量的控制,以及展柜内部光照、温湿度、空气污染等因素的达标。

    2.制作展览:策展人需要确保墙面、版面、标牌、展柜、多媒体等按期制作,同时还要满足绿色环保、内容准确和美观舒适等多重要求。

    3.布置展品:布展前,策展人需要认真检查展览场地、展柜、展台、展具等设施的完备性和安全性;布展时,文物的进场顺序和上展工作都必须按照方案有序进行,同时还需要根据现场情况随时检查和调整。所有文物及辅助展品、展具都一一到位,展览布展工作才算基本结束。

    另外,为了扩大展览的社会影响力,有时还会根据需要举办展览开幕式、展览宣传活动、教育活动、公众讲座、学术讨论会,开发文创产品或实施观众调查等。

八、展览撤展

    到了展览结束日期,策展人还要安排展览的拆除、文物的归还、项目的总结等,文物的归还是重中之重。只有等所有上展文物都安全回到自己原来的"家",策展人的工作才算画上了一个完满的句号。

小姐姐

策展的基本步骤你已经掌握了，
下面让我们开始吧！

策展小百科

一、石头是怎么变成玉器的？

大约在距今10000年前后，我们的祖先还整日忙于加工、打制石器。也许是在一个晴朗的午后，他们无意中发现：一块无比普通的石头竟然有艳丽的色彩、细腻的质地，闪耀着诱人的光芒。"多么美丽的石头！"我们的祖先爱不释手。从此这种美石渐渐获得了他们的青睐。

在后来的漫长岁月里，玉被最美好的语言所歌颂，被穿戴在身上，持在手中，供奉给神灵，甚至被带去墓葬中。

这种美丽的石头，我们叫它玉。

"玉,石之美。"

—《说文解字》

?? 1.什么是玉?

小姐姐
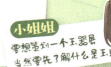
要想策划一个玉器展
当然要先了解什么是玉!

玉

广义 绿松石、青金石、玛瑙、水晶、大理石……

狭义

真玉 专指闪玉,多被称为软玉,主要成分是钙镁硅酸盐。
在漫长的中华玉文化历史中,被选用的玉料多为闪玉。

辉玉 又称硬玉、翡翠,主要成分为钠铝硅酸盐。
在200多年前,辉玉才成为中国人用玉的新宠。

《说文解字》 中国第一部系统的字典,研究汉字和古代汉语的重要工具书。由东汉学者许慎编撰。收录了9353个篆文汉字,并按照汉字的字形结构进行了分类。不仅解释了每个字的本义,还提供了字形的演变和读音。

2.史前时期, 人们如何将璞玉顽石 制作成精美的玉器?

早在"玉"这个字产生之前,我国的史前先民就已经掌握了制玉的技术方法、工艺流程和设计理念,有了一套完整的玉器制作体系。

你可能很好奇,几千年前发生的事情,我们今天怎么了解的呢?

尽管我们无从还原制玉的场景,但通过玉料、未完工的玉器,甚至成品玉器上的加工痕迹,就能大致推断出史前时期制玉的工艺流程:

切割 → 打孔 → 镂空 → 雕琢 → 抛光

如何将坚硬的玉料切割成理想形状？

线切割

解玉砂：摩斯硬度高于玉石的矿物细砂

绳：棕、麻或者牛皮等制成的绳子（浸湿）

【摩斯硬度】：衡量矿物硬度的标准化刻度。

抵抗划痕和磨损

金刚石 10级 > 解玉砂 7—9级 > 玉石 6.5—7级 > 滑石 1级（更易被加工成各种形状）

夹杂黑色沉积点

表面磨光

黄褐色

· 尺寸：直径2.3厘米/厚0.54厘米
· 所属文化：小南山文化（距今约9000年）
· 发现地点：黑龙江省双鸭山市饶河县小南山遗址
· 收藏单位：黑龙江省文物考古研究所

玉璧

凹槽：线切割形成弯曲的条形加工痕迹，目前世界上最早的玉石切割痕迹之一

小南山遗址

位于乌苏里江左岸的小南山遗址，发现了目前我国境内年代最早的玉器，种类包括玦、璧、环、珠、管、匕形器及玉斧等，构成了迄今所知中国最早的玉文化组合面貌。

片切割

竹片、木片等工具切割

玉料

- 尺寸：长30.5厘米/宽15.5厘米/高8厘米
- 所属文化：良渚文化（距今5300—4300年）
- 发现地点：浙江省杭州市余杭区塘山遗址
  金村段制玉作坊
- 收藏单位：浙江省文物考古研究所

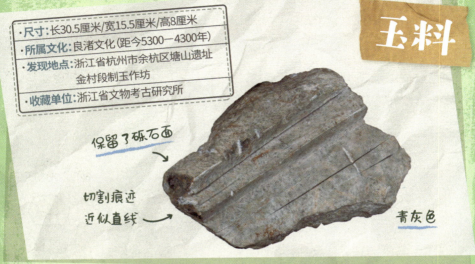

保留了砾石面

切割痕迹
近似直线

青灰色

线切割

VS

片切割

切面呈现出波浪形，高低起伏

切面平直齐整

　　无论是线切割技术还是片切割技术，直至今日，以工具带动解玉砂制作玉器的基本原理并未改变。古老的技术依然对我们今天的制玉工艺产生着深远的影响。

塘山遗址　　良渚古城遗址外围水利系统中最大的单体遗存，是一处人工土建工程。这里发现了百余件留有加工痕迹的玉料和大量石质制玉工具，是良渚文化的制玉作坊。

如何给玉器钻孔？

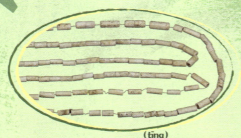

钻孔原因？

- 方便佩戴
- 方便固定玉器
- 造型需要

程(tīng)具钻孔

拉弓法

催手握实心程具钻孔

拉弓令程具来回转动以钻孔

先敲击出小孔

再将小孔磨③

凿磨法

◎ **程具** 实心的钻孔工具，用玛瑙、燧石等硬度和耐磨性较好的材质制作。

◎ **用法** 钻孔，一侧单面钻孔，或两侧双面对钻孔。**特点** 不会留下完整的钻芯。

- 尺寸：长3.8厘米/直径1.3－1.5厘米/孔径0.4－0.9厘米
- 所属文化：兴隆洼文化（距今约8000－7000年）
- 发现地点：内蒙古自治区赤峰市林西县白音长汗遗址
- 收藏单位：内蒙古自治区文物考古研究院

玉管

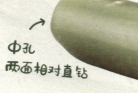

孔壁细密的旋痕是8000多年前玉工钻孔时留下的痕迹！

中孔 两面相对直钻

两端管口呈斜坡状

兴隆洼文化 因首先在内蒙古自治区敖汉旗兴隆洼遗址发现而得名。年代距今约8000－7000年。发现的玉器有玦、匕形器、环、斧、管、人面饰等。

管钻钻孔

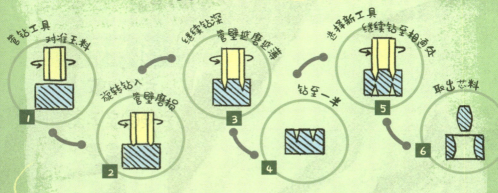

◎ **管钻工具** 竹管、动物肢骨、禽鸟羽毛等空心管子。

◎ **用途** 多用来制作琮、璧、镯等孔径较大的玉器。

◎ **特点** 玉芯料被完整地保存下来,可以再次制成其他玉器。

玉琮芯

为钻取玉琮
中孔时所遗留

- **尺寸:** 直径3.6厘米/厚0.6厘米
- **所属文化:** 齐家文化(距今约4300—3800年)
- **发现地点:** 甘肃省武威市皇娘娘台遗址
- **收藏单位:** 甘肃省博物馆

管钻产生的玉芯**边缘大多是倾斜的**,原因就是竹骨工具的硬度低,长时间使用后会磨损变薄,所以钻出来的孔和玉芯料容易倾斜。

整器圆柱状
一面大,一面小

较小一面
表面可见钻孔时
留下的细微旋痕

齐家文化 距今约4300—3800年,以甘肃省广河县的齐家坪遗址为代表。玉器种类包括璧、多璜联璧、琮、环、多孔刀、斧、钺等,大多光素无纹,琢制平整利落,颇具地域特色。

想要特别的造型或者纹饰该怎么办？

为了去料或者实现艺术设计，史前先民还掌握了镂空技术。

镂空

依纹样钻孔

1

2 给孔里套穿线性工具 慢慢地将多余的玉料去除

孔眼扩锯连接起来

3

镂空完成

4

龙形玉佩

这只玉佩在制作前经过精心的设计！

身体 蜷曲

小而圆的 眼睛

长长的 下颌 向上勾起

角 中间穿一孔

短短的 尾巴 上面有两个小孔

龙背 羽毛状饰物 大而复杂， 羽毛周边有凸起

深色勾线痕迹， 是玉工雕刻前的 底稿和定位线！

- **尺寸**：长9.1厘米/宽5.1厘米
- **所属文化**：肖家屋脊文化（距今约4200—3800年）
- **发现地点**：湖南省常德市澧县孙家岗遗址
- **收藏单位**：湖南省文物考古研究院

镂空工艺需要工匠们倾注耐心、保持细心，每一个小孔和线条都必须处理得恰到好处，稍有不慎就可能破坏整个作品。肖家屋脊文化先民堪称史前"镂空工艺大师"。

如何在玉器表面进行装饰?

琢纹

良渚文化先民将琢纹技术发挥得淋漓尽致,即使在科技如此发达的今天,他们的琢纹工艺也毫不逊色。

特别是繁缛的兽面纹,有时在1毫米的宽度内,竟刻有四五条细线,堪称史前"微雕"。

良渚文化兽面纹玉琮

椭圆形眼眶:
立体感很强,像浮雕!

脸颊:
卷云纹

鼻孔:
阴线刻出

兽嘴:
凸起、扁窄
刻着獠牙

圆眼珠:
管钻制成

也许玉工想表现的就是兽在风雷云动中探出头的样子?

眼珠和眼眶之间多层重叠的圈

鼻子:
微微隆起
鼻翼宽阔

良渚文化 距今约5300—4300年,主要分布在环太湖流域,以良渚古城为中心。良渚文化的琢玉工艺尤为发达,并创造了一套完整的玉礼器系统,琮、璧、钺等玉礼器的种类、数量与人的身份、等级、性别严格对应。

琢纹的工具

·尖状石器·

黑色燧石,质地坚硬
底部有锐利的尖凸作琢玉之用

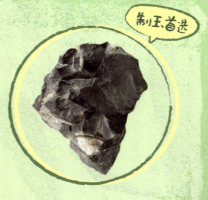

制玉首选

·鲨鱼牙·

部分牙齿上可见钻孔
显然经过**人为加工**

粗糙的锯齿　尖峰锐利
具有光泽的釉质

良渚文化制玉行家的利器

经过以上制作步骤,距离莹润光滑的成品玉器,还差抛光这最后一道工序。

如何抛光？

用竹片、树皮或兽皮配合细砂与水,**反复摩擦玉器**,直至其表面光滑。
经过这道工序,玉石细腻的质地和**温润**的光泽得到了最大程度的彰显。

对于研究陕西玉器起源具有重要意义

素面无纹，打磨得非常光滑！

别看它非常迷你，却是迄今为止陕西境内发现的最早的一件玉、石制品

尺寸：直径2.6厘米/环面宽1.5厘米

所属文化：老官台文化（距今约8000—7000年）

发现地点：陕西省宝鸡市关桃园遗址

收藏单位：宝鸡市陈仓区博物馆

玉环

玉器的穿孔口沿大都经过修整，以利于延长穿孔系绳的使用寿命

顶端中部的小圆孔可用于系挂

扁平片状平面为水滴形

通体抛光打磨

此件玉质只管体量小，造型简单，但仍经过切割、钻孔、打磨等工序，表明中原地区在仰韶文化早期阶段玉已经作为成熟的饰品原料被认识和使用？

尺寸：长2.5厘米/宽0.7厘米

所属文化：仰韶文化（距今约7000—5000年）

发现地点：陕西省西安市临潼区姜寨遗址

收藏单位：陕西历史博物馆

玉饰件

没想到吧，我们印象里"生产能力低下"的史前社会，却拥有如此完整的玉器制作体系，据此，学者们认为：史前时期很可能出现了专职玉匠。

3.是制玉高手也是设计大师

??

齐家文化玉琮的制作理念

体现了齐家文化先民对形状和空间的深刻理解

去方为圆

圆形大穿孔

玉料四四方方

钻孔取芯

切割玉料后管钻
玉琮外方内圆的特点就实现了

去角为圆

切掉四方体直边与
直边的交角
打磨突出中间的大穿孔

玉琮成型

大穿孔的口部
打磨成圆弧形

齐家文化玉琮

琮体短矮，
琮口"由方找圆"
切割潦草，
所以琮口
向外突出不明显。

四方体形，外方内圆，
中孔贯通，

单面管钻，
上下端平齐。

齐家文化玉琮

齐家文化多璜联璧的制作理念

说明齐家文化先民掌握了以硬性片状物切割玉料的切割工艺

小料大作　成形对开

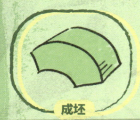

成坯

先取一块较厚的扇形玉料
制成玉璜

切片

向着同一个方向将玉璜
精确、均匀地切割出多片

多璜联璧成型

确保它们能够拼合成
一个大玉璧或玉环

齐家文化的四璜联璧

多璜联璧的玉片
如果纹理相似，就很可能
为同一块坯料切片制成

小孔方便进行
连缀拼合

平整光滑

小姐姐

使用材料包里的道具
来还原玉器的制作过
程吧。
作为策展人，学会巧
妙地运用各种辅助展
品，能够极大地提升
展览的吸引力。
【见材料包第1页】

制作如此复杂的玉器，当然少不了精细的计算和琢磨。在有限的资源下制作出更大、更精美的玉器，最大限度地实现对玉材资源的有效利用，这是玉器设计工艺与理念的一次创新。

中国古代制玉工艺从史前时期就已锋芒毕露，经过数千年的发展，工艺流程日趋复杂。特别是伴随着生产力的发展，铜、铁等金属工具的广泛使用，以及设计理念的不断更新，至清代晚期，我们形成了一套更加完整规范的制玉流程。

烦琐的数道工艺下，中国人匠心独具的创造力和专注不懈的钻研力再次彰显。

从《玉作图》上玉工的忙碌中，我们似乎也能看到9000年前那个手持玉石全力以赴的背影，听见砂绳第一次摩擦玉料的清澈声响。

清代画家李澄渊所绘《玉作图》

二、玉器竟也拥有姓名和籍贯!

　　就像每个人都有自己独特的名字,古代的玉器也有着各自的称谓。玉璧、玉玦、玉琮……玉器名字的背后,隐藏着哪些祖先留给我们的信息?

　　在距今七八千年前,我国辽河流域、黄河流域及长江流域,不同地区的人们,不约而同地开始选取玉石制作工具或装饰品。如果穿越到史前时期的中华大地上,我们都会看到哪些玉器呢?

1.史前时期没有文字记录, 我们如何得知史前玉器的名字呢?

??

小姐姐

快根据描述将对应玉器贴到下方相应位置吧!

【见材料包第1页】

史前时期玉器的命名

- 有文献记载
  - **古籍描述** 璧、瑗、环……
  - **历代学者考证** 琮、玦、牙璋……
- 无文献记载
  - **按纹饰**
    - 动物:玉龙、玉凤、玉蚕、玉蝉……
    - 人/神:玉人、玉神面……
  - **按形状** 玉三叉形器、玉锥形器、玉勾云形器……
  - **按用途** 玉珠、玉管、玉刀、玉头饰……

一种外方内圆的玉器

琮 (cóng)

后来被赋予决断、决绝的意思

璧

玦 (jué)

半环形有缺口的玉

扁薄、圆形、中心有孔,环状部位(肉)的宽度大于中间孔(好)直径一倍以上

不知为何,宋朝人以为这是一种扁平的多角形牌状玉器,一直到清朝,金石学家吴大澂在《古玉图考》中详细考证,琮才得到"正名"。

璜 (huáng)

扁形

半环形

半月形

近似半月形

半圆形

半璧形的玉。

牙璋 (zhāng)

斧

由石斧发展而来

起源于龙山文化时期的
大型扁平玉礼器，
一般中下部两侧有突出的短牙

戚 (qī)

古兵器名，形似斧

钺 (yuè)

横向装柄，形似斧，
但器身比斧更宽扁，
有穿孔用于装柄

镦 (duì)

矛、戟等长兵器柄
下端的圆锥形平底套

瑁 (mào)

古代帝王所执的玉器，
用以覆诸侯的圭。
因冒于器柄之上，
故名瑁，也作"冒"

《尔雅》 | 中国古代最早解释词义的专著，由汉代学者缀辑而成。《汉志·尔雅》有三十篇，传至今只剩十九篇。后世经学家多用这本书考证解释儒家经典的义意，为"十三经"之一。

《说文解字注》 | 清代经学家、文字音韵训诂学家段玉裁研究《说文解字》，不仅对其中的内容进行考证，还将其他书上关于某个字的解释汇集到一起，形成了《说文解字注》。

2.中华大地上,不同地区的史前玉器都长什么样?

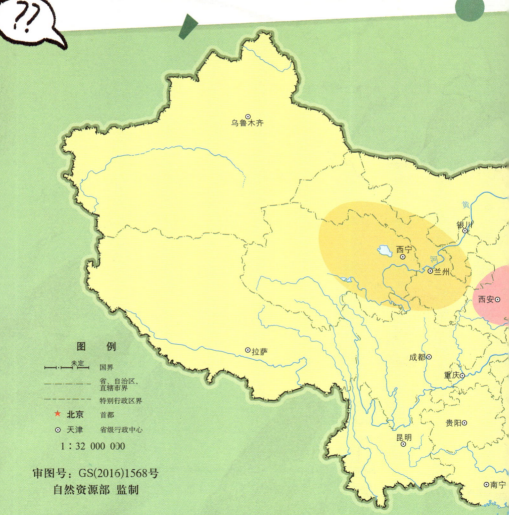

图 例

├─·─┤ 未定　国界

──── 省、自治区、直辖市界

──── 特别行政区界

★ 北京　首都

◎ 天津　省级行政中心

1:32 000 000

审图号:GS(2016)1568号

自然资源部 监制

中国史前时期玉器文化格局

就像不同地区的自然环境孕育了多样的食材，地质条件的差异也孕育了各具特色的玉矿。

人们就地取材的习惯、独特的需求与多样化的审美，造就了中华大地上不同地区各具特色的玉器风格。

哈尔滨

长春

沈阳

北京★ 天津

渤海

石家庄

济南

黄河

黄海

郑州

合肥 南京

武汉 上海

杭州

南昌

东海

南昌

福州

钓鱼岛 赤尾屿

台北

台湾岛

广州

兰屿

香港

东沙群岛

南海

南宁 广州

澳门 香港 台湾岛

海口 东沙群岛

海南岛

西沙群岛
永兴岛

中沙群岛
黄岩岛

南
海
诸
岛

曾母暗沙

南海诸岛
1:64 000 000

■ 东北地区

■ 海岱地区

■ 东南地区

■ 甘青地区

■ 中原地区

■ 江汉地区

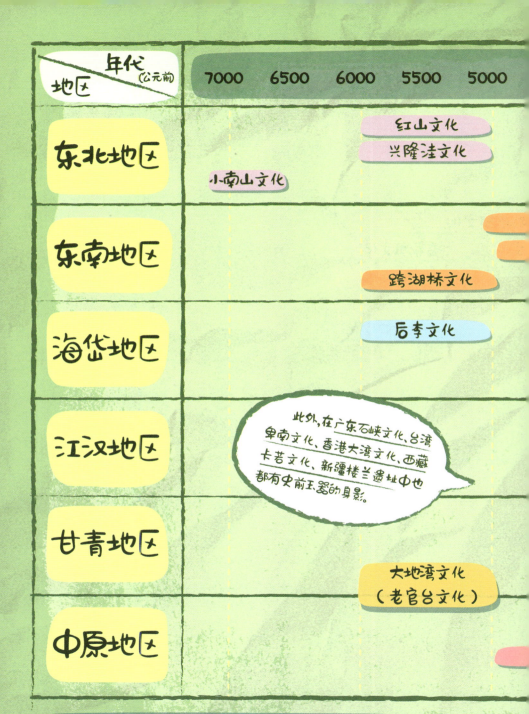

地区 \ 年代 (公元前)	7000	6500	6000	5500	5000
东北地区		小南山文化			红山文化 / 兴隆洼文化
东南地区				跨湖桥文化	
海岱地区				后李文化	
江汉地区					
甘青地区					大地湾文化（老官台文化）
中原地区					

此外，在广东石峡文化、台湾卑南文化、香港大湾文化、西藏卡若文化、新疆楼兰遗址中也都有史前玉器的身影。

公元前7000-前1500年各考古学文化分布年表

4000	3500	3000	2500	2000	1500	1000

河姆渡文化

文化   凌家滩文化

良渚文化

大汶口文化

龙山文化

大溪文化   肖家屋脊文化

屈家岭文化

马家窑文化

齐家文化

客省庄二期文化

仰韶文化

石峁文化

*本表格仅表现了"玉韫·九州"展览中涉及的考古学文化,并非新石器时代出现玉器的所有史前文化。

东北地区

我国最早的玉器就产生在这里!

范围:黑龙江、吉林、辽宁及内蒙古东南部地区

小姐姐

哎呀!这里有些展品怎么不翼而飞了?快翻翻材料包,把它们一一复原吧。
【见材料包第3—4页】

玉珠

玉管

玉斧

小南山文化

年代:距今约9000年

← 小型装饰品为主

玉鸮(xiāo)

玉玦形龙

玉勾云形器

玉斜口筒形器

工艺精湛、造型多样 ↘

红山文化

年代:距今约6000—5000年

37

东南地区

史前玉器发展的重镇

📍 范围：以太湖流域为中心的浙江、江苏、上海等地。以巢湖为中心的安徽地区

玉璧

玉三叉形器

玉锥形器

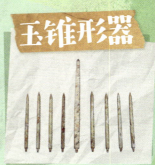

玉琮

良渚文化
年代：距今约5300—4300年

玉器上随处可见的神人兽面纹是良渚先民的图腾和标志

玉猪

重达88公斤

翅膀为猪头形

玉璜

形式多样，多成组出现，有的玉璜从中部断开，以榫卯方式拼合使用，可能与氏族部落之间的结盟、联姻有关

2008年北京冬奥会奖牌背面图案的设计就参考了凌家滩文化的同心玉璧

凌家滩文化
年代：距今约5600—5300年

玉鹰

海岱地区

玉器特色鲜明，对黄河中游和长江中游的玉器产生了较大影响

📍 范围：以泰山为中心的山东及其邻近区域

玉指环

玉钺

牙璧

大汶口文化

年代：距今约6000—4500年

玉礼器，与成组的陶礼器共同构成墓主身份地位的象征

牙璋

玉刀

玉有领璧

龙山文化

年代：距今约4500—3900年

江汉地区

肖家屋脊文化玉器发展程度很高，多小件玉雕

📍范围：以湖南、湖北两省为核心的地区

玉人头像

玉虎头像

玉蝉

肖家屋脊文化
年代：距今约4200—3800年

甘青地区

📍范围：甘肃、青海、宁夏一带的黄河上游地区

玉琮

玉铲形器

较为少见，集中发现于齐家文化，应是具有象征意义的礼器

玉璧

甘青地区玉器形成了光素无纹，琢制平整利落的风格

齐家文化
年代：距今约4300—3800年

中原地区

范围：陕西地区

不同文化遗址发现的具有本地特色的玉器，不断刷新着我们的认知

玉环

老官台文化

年代：距今约8000—7000年

玉笄

目前陕西仰韶文化发现的体量较大的玉石笄之一。

仰韶文化

年代：距今约7000—5000年

玉璧

这件玉璧和其他遗物证明，它们所在的太平遗址已经出现以礼制为核心的早期文明特征

客省庄二期文化

年代：距今4000年前后

玉刀

片状玉器

石峁文化

年代：距今约4300—3800年

小姐姐

史前时期有这么多的玉器。你的展览，要用到哪些呢？

我是_____　　我是_____　　我是_____　　我是_____

遍地开花的史前玉器,共同见证了人们对自然万物的敬畏,对天地祖先的敬仰和对美好生活的向往。每一件玉器,都是一个故事,都是一段历史,都是一份情感。

当我们今天再次凝视这些古老的玉器时,我们不仅仅是在欣赏它们的美,更是在聆听它们讲述的千年往事。

在风雨雷电的神秘莫测面前，在生老病死的无常规律面前，在争夺仇杀的人祸灾殃面前，史前的先民时常感到困惑与无力。于是，他们将期望诉诸神明祖先，以隆重的祭祀仪式作祝祷，以美味珍肴作贡品，祈求得到神的旨意与庇佑。

可是，神究竟长什么样子呢？

我们可以想象一下史前先民生活的环境：四周郁郁葱葱的树木高耸入云，野兽的咆哮和鸟儿的歌唱回荡在耳际。

三、你看!神的摸样竟然藏在玉里!

他们对自然界的万物生灵充满了崇拜和敬畏,热衷于探究其中的奥秘。或许他们会想:"哇,老鹰为什么可以飞得那么高!它一定有特殊的能力!""看,那头野猪那么强壮,长长的獠牙,就连老虎见了它也要躲得远远的!"

于是,他们拿起手中珍贵稀有的玉石,把鸟的翅膀、兽的獠牙,以及各种神奇的元素添加到他们最熟悉的人的形象上,以此象征具有超凡力量的神。

1.玉器中的神都长什么样？

在我国史前时期的各个文化中，都有大量反映祖先神灵崇拜的玉器。这些玉器多是基于人类自身的形象来塑造的。

在我们国家不同地区的史前文化中，人们对神的想象也不尽相同。

肖家屋脊文化的神——尖利獠牙的威武形象

冠 平顶双层冠帽，冠檐卷曲上翘，看起来十分繁复华丽

眉 细长的弯眉与挺拔的鼻梁相连

眼 杏仁般的圆眼透出神秘的光芒

面部 与人相似

耳洞 用小的镂空表示

獠牙 向上和向下伸出，昭示着神与人的不同之处

肖家屋脊文化透雕神面纹牌饰

45

良渚文化的神——人和兽的合体

这种神人兽面纹及其简化形态遍布
良渚文化分布范围内的数百个聚落，
并且在时间上贯穿了良渚文化的始终。

神人兽面纹仅出现在良渚
文化的玉器上，是良渚文
化独一无二的标识。

因此考古学家认为：神人兽面纹可
以看作良渚人共同的精神信仰，
具有"神徽"的性质。

驯兽的神人

神人胳膊
向身体两侧
伸出又折回

手
紧紧抓住
兽的大眼
拇指上翘

大大的眼睛
粗粗的眼梁

鸟形的趾爪

巨大的冠帽
装饰满
华丽的羽毛

倒T字形鼻子

宽扁的嘴巴

两对獠牙
从嘴里伸出

良渚文化神人兽面纹

小姐姐

哇，神人兽面纹真是复杂
得让人眼花缭乱！不过别
担心，我为你准备了贴
纸，能帮你轻松区分这个
神秘的图案。快去材料包
里找找看吧。
【见材料包第3页】

史前的玉工们怀着深深的敬意，小心地雕刻着每
一个细节。在小小的一方玉器上，竟填刻满了细密繁
复的纹饰。有些纹饰精细到要用放大镜才能看清楚！

难以想象，史前时期的人们是怎样将这无比复杂的图案雕刻在玉器
上的。如此珍贵难得的玉器，定然要献给他们心目中最敬重的神灵。

2.专职负责和神灵沟通的人是谁?

??

这么重要的事情可不是谁都能干的,要有专人来负责。这些能与神灵沟通的人,男性被称作"巫",女性被称为"觋"(xí)。巫觋通过舞蹈、祝词、仪式来与神灵沟通,而玉器,就是他们沟通天地的法器。

呈倒小字形的 眉眼

头顶 有三圈 圆饼状的装饰

巨大的 鼻子、耳朵

头 被雕刻成 奇异的菱形

跪坐 在地上 双手合于胸前

似乎在默默 祈求神灵的 眷顾和保佑

红山文化石雕巫觋像

除了站立的巫觋,红山文化还有盘坐、跪坐、蹲坐等造型的巫觋。这座石雕像,呈现的就是跪坐的巫觋形象。

红山文化玉人

*辽宁考古博物馆藏

面部
用非常密集的线条刻画出五官

双手
手指分开

玉人眉目上弯，眼睛紧闭，表情虔诚而恭敬，嘴微张，仿佛正念念有词。

双臂
曲肘放在胸前

双腿 并拢

结合动作及神态来判断，这是一位正在作法的巫师。

红山文化与凌家滩文化，两个史前文化相距千里，玉人的姿态却如此相似！

也许，这种姿态就是史前巫师做法事的标准姿势。

巢湖地区

尖顶 冠帽

方形脸
长眼睛、宽鼻子
阔嘴巴、大耳朵

神态庄重肃穆

双臂
屈肘举至身前
手指张开
好像在做祈祷

这些玉人的装扮显然是为了某个神圣的祭祀场合而精心准备的。

小臂
雕有八道凹槽
象征着臂环

腰部
刻画斜条带纹
可能代表了腰带

凌家滩文化玉人

*安徽省文物考古研究所藏

48

3.史前时期没有文字记载，怎么知道当时已经有巫师了呢？

??

经过考古发掘和科学研究,我们现在可以确认史前时期存在巫师。

在红山文化牛河梁遗址一处墓地中心,考古工作者就发现了巫师的墓葬。

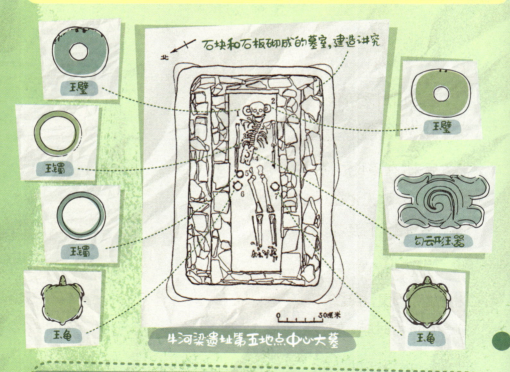

玉璧

玉镯

玉镯

玉龟

石块和石板砌成的墓室,建造讲究

北

玉璧

勾云形玉器

玉龟

0 30厘米

牛河梁遗址第五地点中心大墓

　　这种超高规格的待遇不仅暗示着墓主人身份的不一般,也表明墓主人可能是掌握神权的巫师,拥有至高无上的宗教和政治权力。而那些玉器,很可能就是他沟通神灵的法器。

玉是山川之精华，是上天之恩赐。或许在制玉之初，我们的祖先只是觉得玉器外表光洁可爱，因而将它们当作爱不释手的玩物。

后来，在漫长的岁月中，在与洪水、猛兽争夺生存空间的历练中，人们发现，无论在多么恶劣的生存环境中，玉器总能历久弥新，如神物般陪人们渡过难关。

因此，人们赋予了玉器非同一般的情感，并将它献给了最敬重的先祖和神灵，希望借由玉来获得上天的庇佑。这种"以玉事神"的观念从远古时期一直延续下去，成为中国古代玉文化重要的组成部分。

玉与礼有什么渊源？

在《山海经》中，玉是黄帝、鬼神共享的美味佳肴。而《周礼》将玉璧、玉琮、玉璋、玉璜、玉圭、玉琥合称"六器"，这六种玉器是中国古代历史上最为重要的礼仪用玉。

《山海经》："其中多白玉，是有玉膏，其原沸沸汤汤，黄帝是食 是飨……天地鬼神，是食是飨。君子服之，以御不详。"

《周礼》："以玉作六器，以礼天地。"

六种玉礼器的渊源与形制

玉礼器的渊源	玉礼器的形制			
"天地崇拜"的璧与琮	璧是带中孔的圆片		琮是带中孔的方筒	
"物精崇拜"的璜与琥	璜是弧形片状器		琥是兽类造型玉器	
政权表征的圭与璋	圭是端刃器		璋是位阶较低的端刃器	

*根据邓淑苹《曙光中的天人对话——中国玉礼制探源》改绘，引自庞雅妮主编、陕西历史博物馆编：《玉韫·九州：中国早期文明间的碰撞与聚合》，陕西师范大学出版总社，2023年，第64页。

从祖先、神灵喜爱的美食到祭祀礼仪用器，玉的这两种内涵有什么关系吗？这就要说到礼。

《说文解字》：
"禮，履也。所以事神致福也。从示、从豊，豊亦声。""豊，行礼之器。"

近代著名学者王国维先生对商周甲骨文有深入的研究，结合《说文解字》这两条记载，他认为："禮"（"礼"字的繁体字）字的"豊"旁为"盛玉以奉神人之器"，即盛放玉的祭器形象。

"豊"字的演变

也就是说，"礼"最初的含义就是通过将玉作为祭祀品（神人喜爱的美味）献给神人，以祈庇佑。后来"礼"又引申为所有敬神致福的仪式活动。

人们相信，借助这些玉器可以与天地对话，表达对天、地、四方神灵的敬畏，对逝去祖先的怀念以及对平安和避免灾难的祈愿。

四、借玉器赐予我们力量吧！祖先！

　　自然界中有各种奇妙的动物，它们拥有不同的技能和特点。有些动物繁育能力十分强大，有些能够翱翔天际，有些能够潜入水中，有些甚至能蜕变重生。

　　与其他特异的自然现象一样，动物们也成了史前人类崇拜的对象。史前先民相信，这些神奇的动物一旦与美玉相结合，就会化身为具备法力的动物精灵……如果将这些动物玉器佩戴在身上、缝缀在衣服上或是捧在手中，就能与祖先和神灵沟通，获得他们的护佑。

1.史前的先民都用玉雕刻了哪些动物，有什么特殊含义吗？

??

兴隆洼文化玉蝉

蝉幼虫的形态

或许在那个时候，借助动物力量寻求生命延续的思想已经悄悄酝酿

蝉历经羽化蜕变重生

(jué:鸟兽用爪抓取)

鹰攫人首纹玉牌饰

*故宫博物院藏

玉牌上是一只站立的鹰

昂首展翅

锋利有力的两爪

两爪下方各有一人首

左右对称，形貌相同，脸向外看

对动物的崇拜也暗含着祈求祖先神保佑的愿望，即希望祖先神化身的鹰可以护佑族群，统治者也想要借此获取神秘的力量。

2.还有哪些祖先神与动物相关？

有熊氏是上古华夏部落中的重要氏族之一，在河南新郑一带建立有熊国。有熊氏后裔以熊为图腾。

伏羲

伏羲女娲都是人面蛇身

黄帝

少昊氏

五帝之一，黄帝长子，上古首领之一。相传少昊诞生之时，天空中出现了五只颜色各异的凤凰。少昊就以凤鸟作为本族的族神。

中国古代神话中原来有这么多祖先神都与动物相关！

3.藏在玉器里的中华龙凤

"中华龙"是怎么产生的?

从现有考古材料和研究结果看,早在大约8000年前的史前时期,龙的身影就出现在中华大地上了。

红山文化的龙

生活在距今约6000—5000年的红山先民,似乎对龙怀有特殊的情感,创造出了玉雕龙、彩绘龙、泥塑龙等形形色色的龙,其中最著名的莫过于玉龙。

目前发现的C形玉龙仅有两件,非常珍贵

眼睛
像水滴一样晶莹剔透

头部窄长

身体
弯曲成一道轻盈的C字形弧线

竖起的勾角
不是扬起的鬃毛,而是一对欲振翅高飞的羽翼

C形玉龙 (手绘)

胚胎说 C形玉龙或玉猪龙的共同特点是都只在头部雕琢出五官,身体蜷曲、表面光滑。台北故宫博物院的玉器研究专家邓淑苹女士认为猪龙可能是"虎胚胎形玉器",而C形龙可能是"龙胚胎形玉器"。

玉猪龙
也叫玉玦形龙

猪首
耳朵竖起

面部
简洁生动

吻部
前突

像一大枚玦

这件典型的红山文化玉玦形龙是西周晚期至春秋时期的芮国芮姜夫人的收藏之一。她的墓中出土了500多件从新石器时代到东周时期的玉器。这件玉器整体圆润可爱,也称蜷体玉龙或玉猪龙。

良渚文化的龙

头尾相接的造型也许象征着生命不断延续,生生不息,可以承载无穷无尽的力量

没有红山玉龙那样的缺口

良渚龙形玉环

肖家屋脊文化的龙

披散的龙鬃

上颌凸出
下颌短缩

首尾似接未接

身体盘曲

玉玦形龙

龙尾较扁平，没有过多的雕饰，呈现自然和谐的美感

西汉的龙

陕西历史博物馆收藏的西汉龙纹玉牌饰，展现了龙形象在历史中的进一步发展。这种与九种动物相似的设计，与《尔雅翼》中记载的龙形象相吻合，与我们如今印象中的龙也已经别无二致了。

鱼鳞

鹿角　驼头

兔眼

牛耳

蛇颈

虎掌　　鹰爪　　蜃腹

龙纹玉牌饰

总之，中国龙文化源远流长、独具一格，起源于新石器时代，融合了自然崇拜与祖先崇拜，寄寓着先民祈求平安祥福的愿望。随着农业生产发展，求雨、祈福、消灾等祭祀活动都与龙紧密结合在一起。时至今日，对龙的崇拜仍然贯穿着中国人的现实世界和精神生活。

凤鸟崇拜由何而来？

凤鸟是拼合了多种鸟类元素的集合体，自古以来都被视为祥瑞之鸟。

远古时期，在黄河滨岸，一只玄鸟哼着歌儿从蔚蓝的空中飞来，原始部落的先祖们认为它是天的使者，对它顶礼膜拜。一位叫简狄的女子，误食玄鸟卵后，生了一个儿子，起名叫契。契长大后，因帮大禹治水有功，被舜帝任为司徒，掌管教化，封于商地，赐姓子氏，这就是传说中的商之始祖。

先民们相信，玄鸟是神祇与人间的联络官，神祇命令玄鸟将生命带到世间，由此降生了氏族的祖先。因此，先民将对祖先的崇拜引渡到对凤鸟的崇拜上来。除了商人的祖先，秦人先祖大业也是因他的母亲吞鸟卵而诞生的。

《山海经·南山纪》："是鸟也，饮食自然，自歌自舞，见者天下安宁。"

《诗经·商颂》："天命玄鸟，降而生商。"

《史记·秦本纪》："秦之先，帝颛顼之苗裔，孙曰女脩。女脩织，玄鸟陨卵，女脩吞之，生子大业。大业取少典之子曰女华。女华生大费，与禹平水土……舜赐姓嬴氏。"

史前时期都有哪些以鸟为题材的玉器，它们有什么含义？

红山文化的鸟

红山文化发现了不少以鸟作为题材的玉器，它们有的抽象，有的写实，种类包括玉鹰、玉鸟、玉鸮、玉凤等。

玉鸮

鸮：猫头鹰

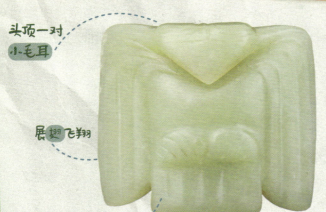

头顶一对
小毛耳

展翅飞翔

黄绿色

玉质细腻

细线刻出的
双爪

考虑到实际佩戴的需要，玉鸮背面还有两对牛鼻孔形状的穿孔，真正做到了美观度和实用性的统一

红山先民为什么崇拜鸟？

　　鸟类是农业生产中的除害高手，在农业生产已经发展到了一定水平的红山文化时期，人们对鸟类的喜爱和崇敬不足为奇。另外，鸟类具有超强繁育能力，人们崇拜鸟类也可能反映了其生殖崇拜的观念。

良渚文化的鸟

鸟是良渚文化重要的纹饰题材，既有鸟形的刻画纹饰，也有小型雕像。

玉鸟

以管钻法
钻内外两个圆圈
表示 眼睛

鸟尾 舒展
好似在
翱翔

喙部尖凸

鸟头 宽扁

横向 穿孔

尺寸: 长4.36厘米/翼宽5.33厘米/厚0.93厘米
所属文化: 良渚文化（距今约5300—4300年）
发现地点: 浙江省杭州市余杭区良渚古城反山墓地
收藏单位: 良渚博物院（良渚研究院）

造型朴素庄重，极少夸张，寓意却丰富深邃。

大而圆的玉璧

小鸟站立
在高台上

高台上也有 纹饰

玉璧

*美国弗利尔美术馆藏

　　良渚巫师或是希望得到神鸟羽翼庇护，或是以鸟为媒介，将真实的意愿传达给神祇祖先。所以，鸟题材玉器的表现形式更加多样，可能是想借助鸟能飞翔的自然属性来加持神力。

发达的稻作农业是良渚文化的标志之一。良渚遗址出土的制作精良的石犁和石镰便可以佐证这一点。稻作农业的发达使得良渚先民对大自然十分依赖，他们必须时刻关注天气变化。在良渚先民的眼中，鸟儿能够翱翔蓝天，好似天空的主宰，这是<u>先民渴望拥有的"神力"</u>，鸟崇拜或许就由此产生。

肖家屋脊文化的鸟

肖家屋脊文化先民将北方猛禽的骁勇、南方小鸟的轻盈、东方长尾鸟的飘逸融合，创造出凤。除了凤形象的玉器，陶塑中也有很多长尾凤鸟形象，这说明肖家屋脊先民可能将凤视为特殊的崇拜物。

凤形玉佩

复杂的羽状冠饰 有凸起

圆眼

尖细的长喙

长颈弯曲

展翅身后

尾分三叉向上勾卷

尺寸：	长11.6厘米/宽6.2厘米
所属文化：	肖家屋脊文化（距今约4200—3800年）
发现地点：	湖南省常德市澧县孙家岗遗址
收藏单位：	湖南省文物考古研究院

与大多数人心中凤的模样已经别无二致了。考古资料表明，这类镂空牌饰可能系在柄上，再竖着插在冠或发上使用。

小姐姐

这件玉佩在雕刻前经过精心的定位描线！现在，不妨拿起画笔勾勒它的轮廓，亲自体验一下凤鸟纹的设计吧。

此外，凌家滩文化中发现了异形玉鹰，大汶口文化和龙山文化中出现了鸟纹玉佩……总之，凤鸟纹普遍出现在中华大地的史前文明中。

龙凤组合形象

龙凤组合形象也是常见的玉器题材。整体构图繁而不乱，雕工细致，在雕刻前经过精心设计。

四枚**穿孔**

龙 长吻上翘

凤 昂首勾喙

用减地阳纹和较粗的阴线雕

工艺精湛
线条流畅

龙凤纹玉佩

玉器上出现龙凤合体形象，或许说明龙凤呈祥的传说可以上溯至史前时期

菱形格云纹
减地阴刻

透雕技法
五个穿孔
完美融合于造型之中

龙爪上扬

灰褐色
半透光

三层扇形**羽翼**

龙凤纹玉佩

凤冠　圆眼
尖钩喙
回首

凤首

龙角
卷鼻
龙嘴

龙首

尺寸：长10厘米/宽4.9厘米
所属年代：战国
发现地点：陕西省咸阳市秦都咸阳城遗址
收藏单位：咸阳博物院

　　先民们相信，自然界的动物是上天的使者，将生命带给部族祖先。而撷取拼合了多种动物元素的龙凤形象，更被赋予了超乎一般的神性。不同文化之间的交流和融合，使龙凤形象快速成型，得到广泛认同，进而成为中华民族独特的文化标志。

　　时至今日，龙凤仍然是中国人婚礼中必然出现的吉祥图案，龙凤呈祥正是几千年前祖先留在我们血脉中，祈愿幸福和安宁的文化印记。

五、"王":尊贵如我,必须拥有玉器!

玉石,是我们祖先在自然界中发现的最美的天然物料,它材质坚硬且熠熠夺目,稀有而无比珍贵。

由莹润玉石精心雕琢而成的玉器,在史前社会的普及程度远不及后世,它是极少数人才能拥有或使用的顶级"奢侈品",因此具有了标识身份、彰显权力的功能。

史前时期,尊贵的"王"是如何用玉器来彰显自己权力的呢?

1.良渚古国王的墓葬是什么样的？

??

小姐姐
敏锐的你，一定能在材料包中迅速锁定那些与玉璧相应配的贴纸。快来试试吧！
【见材料包第3页】

制作粗糙、玉质稍劣的玉璧

玉纹斑斓的玉璧堆叠于"王"的腿脚旁

形状规则、质地细密的玉璧

色彩纯净的玉璧大多被放在"王"的胸腹部位

在距今约5300—4300年的长江下游，环太湖流域的良渚古城西北部，有一处占地近3000平方米的人工土墩——反山墓地。这一地区河网如织，地下水位较高，因而在山坡或平地上堆土筑墩，再于其上挖掘墓穴，成为高级墓葬最常见的形式。

反山墓地第20号墓是良渚古国一座"王"的墓葬。

"王"的墓葬里，随葬品琳琅满目，有包括玉石、陶器、象牙、鲨鱼牙齿等在内的500多件珍稀之物。然而，最令人瞩目的，是那170件（组）随葬玉器。玉璧、玉琮、玉钺、玉锥形器……仿佛在向世人宣告它们主人曾经的荣耀与尊贵。

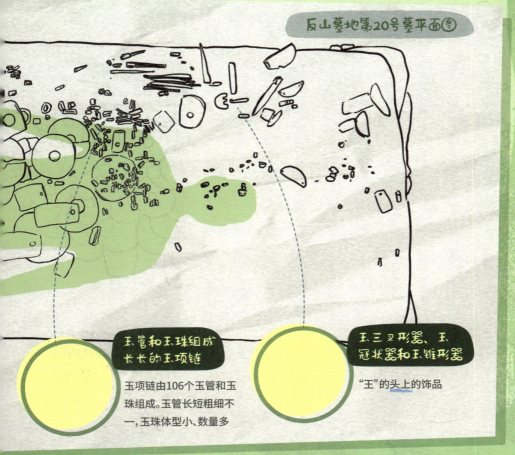

反山墓地第20号墓平面图

玉管和玉珠组成长长的玉项链

玉项链由106个玉管和玉珠组成。玉管长短粗细不一，玉珠体型小、数量多

玉三叉形器、玉冠状器和玉锥形器

"王"的头上的饰品

良渚王的玉器图鉴

玉锥形器

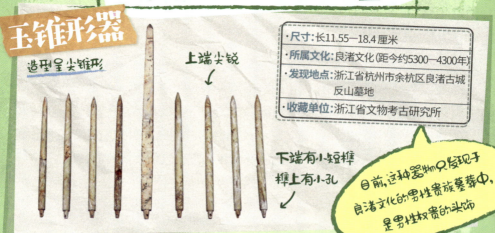

造型呈尖锥形

上端尖锐

下端有小短榫
榫上有小孔

- 尺寸：长11.55—18.4厘米
- 所属文化：良渚文化（距今约5300—4300年）
- 发现地点：浙江省杭州市余杭区良渚古城反山墓地
- 收藏单位：浙江省文物考古研究所

目前，这种器物只发现于良渚文化的男性贵族墓葬中，是男性权贵的头饰

玉锥形器可分为成组和单件两种。成组玉锥形器的数量一般是九、七、五、三的奇数，其中一件与其他略不同，或更长，或刻纹。也有单独陪葬一件的玉锥形器。锥形器数量的多少与墓地和墓主人等级高低有关。

玉璧

- 尺寸：直径18厘米/孔内径4.9厘米/孔外径5厘米/厚0.8—1.2厘米
- 所属文化：良渚文化（距今约5300—4300年）
- 发现地点：浙江省杭州市余杭区良渚古城反山墓地
- 收藏单位：浙江省文物考古研究所

南瓜黄色光泽感好

外形较规整

这件玉璧放置在墓主胸腹部位置

表面留有摩擦痕迹
中孔对钻，打磨精细

有人认为良渚玉璧是一种"原始货币"，是财富的象征

玉璧 玉璧是良渚玉器中非常具有代表性的一类。早期玉璧形体小而不规整，也未成为大墓的标配；后期逐渐向大而规整发展，并成为大墓中出土数量最多的玉器。

玉琮

四角
展开雕琢
两节神人
兽面纹

形状规整，制作精良

尺寸：	射口上径8—8.37厘米／下径7.92—8.1厘米／孔内径6.5厘米／高9.5厘米
所属文化：	良渚文化（距今约5300—4300年）
发现地点：	浙江省杭州市余杭区良渚古城反山墓地
收藏单位：	浙江省文物考古研究所

鸟纹：鸟的侧面形象

神人面：上刻两组弦纹带

神人眼睛：单圈管钻加刻眼角

兽鼻：浮地凸块

兽眼：单圈管钻

兽面：与神人鼻相似

月牙形眼睑：不加刻细部纹饰

玉钺刃部

瑁（mào）：安装在玉钺柄部的顶端，其造型犹如舰首，与良渚文化中对折的神人"介"字形冠帽基本一致。

玉钺：横向装柄，形制似斧，器身比斧更宽扁，柄端有穿孔。

玉钺杖

尺寸：	钺长16.6厘米／宽4.7—8.2厘米／厚0.75厘米／瑁高3—3.65厘米／厚1.2厘米／镦高3.12厘米／长7.8厘米／最宽处2.5厘米
所属文化：	良渚文化（距今约5300—4300年）
发现地点：	浙江省杭州市余杭区良渚古城反山墓地
收藏单位：	浙江省文物考古研究所

钺柄：木质已腐朽，从出土情况可知钺柄上涂绘着漆料，镶嵌了近百枚的玉石粒。可见良渚先民花费了大量心思装饰。

镦（duì）：安装在玉钺柄部的底端。

小姐姐：良渚"王"竟然拥有这么多件美玉。在你的展览中，该如何精选并展示这些玉器，以彰显他至高无上的地位呢？

72

这种豪华型玉钺杖通常钺身、瑁、镦俱全，象征军权，旁侧还有配伍的小琮象征神权。

　　这种组合象征着良渚王国显贵阶层掌握的多种权力。良渚王墓每座墓葬只能随葬一件玉钺，一般放在墓主人近身的地方，此外还会辅以大量磨制精细的石钺，以此彰显墓主人的权力。

> 　　良渚文化反山20号大墓埋葬的王者，随葬玉器不仅数量庞大，种类也很丰富，彰显了"王"对珍贵资源的极致占有。

2.陶寺王族 如何彰显自己的地位？

如果说良渚王族的用玉方式属于南方风格的话，那么陶寺王族的用玉方式就称得上是北方风格了。

陶寺遗址22号墓葬结构示意图

猪下颌骨
壁龛
列钺
乐器鼍鼓
玉琮
黑陶罐
玉戚
圭尺
墓主散骨
船形棺
石刀
猪骨遗骸

*根据何驽等：《陶寺城址发现陶寺文化中期墓葬》改绘

陶寺遗址22号墓是目前所知陶寺文化中期规模最大、等级最高的一座王墓。墓葬为圆角长方形，形制较为规整。随葬有彩绘陶器、玉石器、骨镞、漆木器、红彩草编、整猪、公猪下颌骨等大量物品。其中玉器种类最为多样且集中，有钺、戚、璧、琮、璜、神面等，它们出土的位置各不相同。

而在这座陶寺王墓的墓壁，竟然出土了六件玉钺！显示出墓主人集军权与王权于一体的身份地位。

这些玉钺安装了彩绘漆木柄,制作工艺考究,外观华丽精致。它们被放置在墓室墙壁一侧,以一具公猪下颌骨为中心,每边各三件,一字排开,远离墓主人的墓棺。六件玉钺均没有开刃,也没有使用过的痕迹,应该是礼仪用器。

玉钺

器件较厚重
平面近梯形
一面较平
一面微弧

透光度较好

刃较平直

单面管钻

尺寸:上宽6厘米/下宽4.6厘米/厚0.4厘米
所属文化:陶寺文化(距今约4300—3900年)
发现地点:山西省临汾市襄汾县陶寺遗址
收藏单位:临汾市博物馆

这是陶寺22号墓墓室东壁的六件玉钺之一

使用多件玉钺随葬王墓象征了陶寺王族崇高的身份地位,更充分彰显了军事力量庇护下的王权至上观念。

陶寺文化所处的史前社会已经迈入一个新的发展阶段。陶寺文化距今约4300—3900年,在考古学上属于新石器时代末期,也叫龙山时代。这一时期,不同地区先民之间的远距离交流越来越频繁,区域文明中心迅速崛起,社会的动荡与冲突也日益加剧。

猪下颌骨

在墓主头端的墓壁上,放置有一具猪下颌骨,在其两侧各摆放有三件带彩漆短木柄的玉钺。有学者认为这是《周易·大畜》"豮豕之牙,吉"的表象。豮豕之牙即被阉割过的公猪的牙。六件象征军权和战争的玉钺,钝锋,无使用痕迹,表达"成而不用"、"修兵不战"、威慑制暴、崇尚文德的意思,印证了墓主人拥有军政王权。

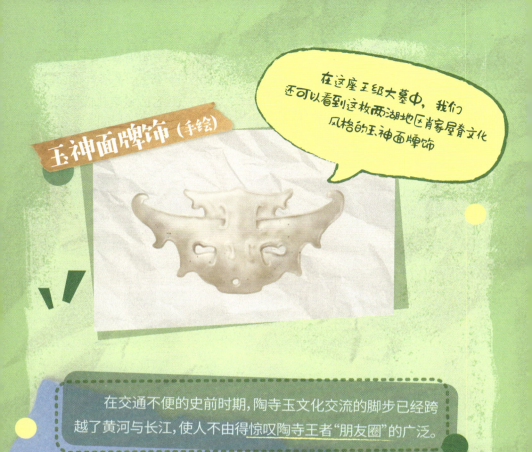

玉神面牌饰（手绘）

在这座王级大墓中，我们还可以看到这枚两湖地区肖家屋脊文化风格的玉神面牌饰

在交通不便的史前时期，陶寺玉文化交流的脚步已经跨越了黄河与长江，使人不由得惊叹陶寺王者"朋友圈"的广泛。

　　玉是火山运动的结晶。这些灵动艳丽的美石在一次又一次的切磋琢磨中，被不同文化、不同时期的先民赋予了不同的意义，它们是关乎生死福祸的法器，是神灵沟通的圣器，也是协和万邦的礼仪重器。

　　当我们今天再来欣赏这些史前玉器珍品时，是否能感受到那个时代王者秩序天下的威仪呢？

王、玉、斧、钺竟然是同源!

《山海经·海外西经》："刑天与帝争神,帝断其首,葬之于常羊之山。乃以乳为目,以脐为口,操干(盾牌)戚(巨斧)以舞。"

传说刑天是炎帝的大臣,因其友蚩尤被黄帝所杀,愤恨不已,与黄帝一决高下。在激烈的对战中刑天被黄帝割下头颅,可仍然手持盾牌、挥舞巨斧顽强抵抗。

在中国的神话体系中,盘古用一把斧子开天辟地,从此天地不再陷入混沌。大禹劈山治水、刑天舞戚奋战、沉香劈山救母……

?? 为什么在我国的神话体系中,被赋予神力的砍劈工具总是斧?

要回答这个问题恐怕要追溯到旧石器时代。

1. 斧、钺的发展历史

·旧石器时代·

石器打制技术成熟 → **手斧** → 时间推移至100至80万年前 → **石斧**（广西百色盆地等地区）

·新石器时代·

钺（斧的孪生兄弟） ← 器型更加扁宽 刃部更加锋利 ← （磨制精细的）**石斧** ← 技术进一步发展

钺在新石器时代的黄河流域、长江流域广泛分布，形成多个分布中心。

由于形制、功能差不多，斧钺常常被联称，并广泛应用于林木砍伐、生产农作、房屋建造和捕猎作战等活动中——"史前多功能工具"的称号，可不是浪得虚名。

玉钺

扁平，近似梯形

两个孔对钻而成 钻孔并未完全对齐

器表面有线切割工艺形成的弧形深槽另一面较为平整

顶部略外弧

两角有崩损的痕迹

刃部呈弧形，十分锋利

尺寸：长14.6厘米/刃宽10.2厘米/厚1.6厘米
所属文化：薛家岗文化（距今约6000—5000年）
发现地点：安徽省潜山市薛家岗遗址出土
收藏单位：安徽省文物考古研究所

钺 《说文解字》："大者称钺，小者称斧。"

河南临汝
彩绘陶缸

《鹳鱼石斧图》

2. 从石斧钺到玉斧钺

	距今约9000年	距今5300—4300年	距今4000年前后
石斧 磨制精细，可能已经专用于杀戮和作战	**玉制斧钺** 小南山文化遗址中发现了玉斧，仿石斧制作。因玉质上乘，磨制精细，推测可能已初具象征意义	**玉钺** 石钺数量随着墓葬等级升高而增加，成为显贵阶层特定身份地位的标志	**玉斧和玉钺** 刃口处一般无磨损，原本砍砸劈斫的斧钺已经变成军政王权的象征，只有少数权力阶层才能享有

玉斧

尺寸：长16.7厘米/宽7.3厘米/厚1.75厘米
所属文化：小南山文化（距今约9000年）
发现地点：黑龙江省双鸭山市饶河县小南山遗址
收藏单位：黑龙江省文物考古研究所

青白色间
灰绿色条带
质地莹润
有光泽

柄部小部分
打制片疤

刃部圆弧，有大的破碎疤，由边缘向中心单面延伸，推测是人为故意打击形成而非使用痕迹。

扁平，平面近梯形

顶部两角
有崩损

尺寸:长15.6厘米/刃宽11.6厘米/厚0.8厘米
所属文化:良渚文化(距今约5300—4300年)
发现地点:浙江省杭州市余杭区良渚古城瑶山墓地
收藏单位:浙江省文物考古研究所

两个
钻孔

形制来源于石钺

刃部弧形

神面纹玉戚

尺寸:长20.6厘米/宽13.1厘米/厚0.4厘米
所属文化:龙山文化(距今约4500—3900年)
发现地点:山西省长治市黎城县后庄村
收藏单位:山西博物院

神面纹侧影

形如玉钺,薄片状

有学者认为,玉戚琢刻的纹饰是神祖灵纹,而所谓神祖灵指的就是神祇、祖先和神灵动物。

长江中游的先民多将神祖灵纹琢刻在嵌饰器或佩饰器上,而黄河流域的先民则多将之雕琢在有刃器上。

3. 斧钺:从军事酋长的权杖 到王权象征

夏商时期,受命于天的王,手持的武器权杖往往是钺。成汤以钺伐夏桀,武王持钺伐殷纣。

《史记·殷本纪》:"汤自把钺,以伐昆吾,遂伐桀。"
《尚书·牧誓》:"(武)王左杖黄钺,右秉白旄(máo)以麾。"

后来,帝王座后屏风上也常能见到黑白相间的斧形纹样——黼黻(fǔ fú),以示至高无上的皇权。

金文中的"王"字就如同一把宽刃大钺

甲骨文

金文

楚系简帛

《说文解字》

秦系简牍

楷书

"王"字的演变

这些不同质地、形态的斧钺，映射出了不同时期人们的生产能力和精神世界。斧钺作为最核心的礼器类型，是中华礼制文明的重要组成部分。

史前玉刀长什么样？

刀作为人类最早创制的劳动工具之一，也有一段漫长的进化史。

史前时期的刀与我们今天的刀不太一样。史前时期的刀多是长方形，背部有孔，有陶、石、玉等多种材质，功能也丰富多样。

它们有的用于切割采集，有的用于农耕生产，有的用于武力征伐，有的摇身一变成了纺织工具，还有的因为敲击时产生的清脆声响而成为祭祀礼仪活动中的乐器。

从石刀到玉刀

十一孔石刀

单面钻，十一孔，间距较均匀

孔周围有红色花纹，仅存少量痕迹

器体扁薄，平面呈条形

由深灰色砂质板岩制成

细小崩口，说明曾经被使用过

刀部平整略内凹，刀口锋利

尺寸	长48.2厘米/宽7.1—9.9厘米/厚0.5厘米
所属文化	薛家岗文化（距今约6000—5000年）
发现地点	安徽省潜山市薛家岗遗址
收藏单位	安徽省文物考古研究所

薛家岗人似乎对奇数有执念，他们在石刀长边一侧整齐地打着一、三、五、七、九等奇数个孔，最多的一件石刀上打了十三个孔。石刀与朱绘石钺、玉璜等礼仪性器物同时出土，因此判断它也是礼仪用器。

距今4000年左右，黄河流域普遍流行体薄、多孔、大件的玉刀。

它们材质精美，没有使用痕迹，说明在这一时期玉刀的功能也发生了变化，主要作为礼器被用于重大仪式、活动中。

孔洞管钻而成

三孔等距

刀部锋利

平面近似梯形

器体硕大
薄厚均匀

尺寸	长68.8—77.2厘米/宽32.4厘米/厚0.9厘米
所属文化	龙山文化（距今约4500—3900年）
发现地点	陕西省宝鸡市陇县王马嘴遗址
收藏单位	陕西历史博物馆

迄今为止发现的史前时期最大的单体玉刀。如此大体量、扁薄的玉器，显示出当时的人们已熟练掌握了对大型玉料的开采、切割与磨制加工技术。

装柄难度非常高，应是特殊的礼仪活动才能使用的礼仪重器。

新石器时代晚期，黄河流域的先民们如同炫技般地打造着他们心中的权力符号，才成就了我们今天看到的非凡器具。

六、玉器中的"时光旅行者"

大部分的史前玉器最终的归宿是跟随最初的拥有者进入墓穴，或作为仪式用器，就地掩埋于尘土内。

不过，还有一些玉器，它们的使用过程更加复杂，历世时间更为漫长，它们曾在不同地域流转，扮演着"文化使者"的角色，也经历过数次易换主人，成为穿越千年的"时光旅行者"。

它们有哪些离奇的遭遇呢？

1.牙璧的"史前冒险"

特别的牙齿状凸起

玉牙璧

牙璧在龙山时代的山东和辽东半岛地区发现最多

表面灰绿色

整体近环形

尺寸：外径3.6厘米/孔径1厘米/厚0.3—0.4厘米
所属文化：大汶口文化（距今约6000—4500年）
发现地点：山东省济南市平阴县周河遗址
收藏单位：山东大学博物馆

　　玉牙璧后来逐渐沿着黄河向其中游地区扩散，向南则抵达了长江北岸的湖北。玉牙璧从史前时期一直沿用到商周时期，东周以后基本消失不见。玉牙璧出牙的形状、数量不同，有二牙、三牙、四牙、五牙之分，其中三牙者数量最多。它们被赋予了不同功能。

牙璧 ｜ 清代学者吴大澂把这种玉器与《尚书·舜典》中的"璇玑（xuán jī）"联系起来，认为它是浑天仪中所用的机轮。现代著名考古学家夏鼐先生，对这一类玉器做了深入的研究，并依照考古学命名原则，将其称为"牙璧"。

大汶口文化和龙山文化的先民 玉牙璧作为贴身物品放置在墓主人身边

黄河中游庙底沟二期文化时期先民 玉牙璧作为礼仪用器竖向放置在房屋的奠基坑中

中原地区
玉牙璧被套在墓主人的臂腕处

山西芮城清凉寺墓葬

玉牙璧

红褐色沁痕

浅绿色半透明

中孔壁上有一弧形小凹槽

玉质莹润器表光滑

外缘四等分处各有四个扉牙出牙处可见V形切割痕

尺寸：外径10.5—11厘米/内径5.8—6.4厘米/厚0.6厘米

所属文化：庙底沟二期文化（距今约4900—4600年）

发现地点：陕西省延安市芦山峁遗址

收藏单位：延安市文物研究院

2.良渚文化玉琮和"继承者们"

距今5500年左右,长江下游的良渚先民创造了玉琮。毫无疑问,这是良渚文化最具代表性的玉器。这种带有神徽纹的玉琮,很快风靡了大半个中国。

它们从长江下游"出发",一路北进,跨越黄河进入甘青地区。在这场"旅途"中,玉琮与各地的本土文化相融合,它们的样貌发生着变化。

在黄河上游的甘青地区,齐家文化先民用他们的审美重新塑造了琮。造型质朴、玉质莹润、素面无纹的玉琮,是他们的礼仪活动中不可或缺的一部分。仪式结束后,他们会将玉琮就地掩埋,以表达对天地万物、宇宙规律的敬意和对未来美好生活的期待。

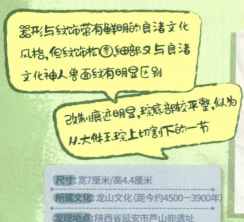

器形与纹饰带有鲜明的良渚文化风格,但纹饰构图细部又与良渚文化神人兽面纹有明显区别

改制痕迹明显,琮底部较平整,似为从大件玉琮上切割下的一节

尺寸:宽7厘米/高4.4厘米
所属文化:龙山文化(距今约4500—3900年)
发现地点:陕西省延安市芦山峁遗址
收藏单位:延安市文物研究院

玉琮

外方内圆
淡绿色

四角琢刻一组
简化神人兽面纹

纹饰轻浅

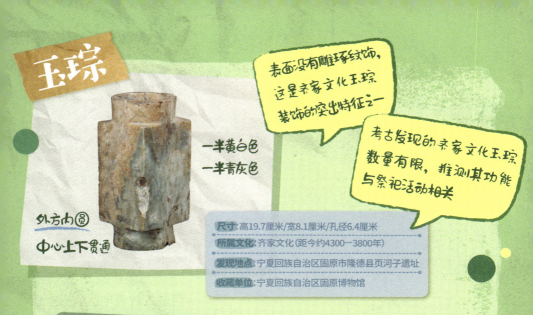

玉琮

一半黄白色
一半青灰色

外方内圆
中心上下贯通

表面没有雕琢纹饰，这是齐家文化玉琮装饰的突出特征之一

考古发现的齐家文化玉琮数量有限，推测其功能与祭祀活动相关

尺寸：高19.7厘米/宽8.1厘米/孔径6.4厘米
所属文化：齐家文化（距今约4300—3800年）
发现地点：宁夏回族自治区固原市隆德县页河子遗址
收藏单位：宁夏回族自治区固原博物馆

　　还有一路玉琮南下，传播到广东岭南地区。斗转星移，玉琮却没有停止它的"脚步"。殷墟、三星堆等许多夏商时期的遗址中，也发现了源自良渚文化的玉琮。

　　这些良渚文化玉琮的"继承者们"，有的简化了图案，有的去除了纹饰，有的减少，甚至隐去了琮节。

　　玉琮的这种跨区传播和演变，不仅印证了先民们在数千年前的交流与互动，更说明了先民们拥有相似的信仰和对文化的认同。玉琮不仅是重要的礼仪用器，更是一种文化标识，是文化传播、交流、融合的见证。

　　良渚玉器上主纹、地纹和装饰纹三重组合的表现手法，以及左右对称的构图形式，也为夏商周三代青铜器纹饰发展奠定了基础。

3.石峁人对远道而来的玉器的二次加工

在陕北黄土高原的辽阔天空下，坐落着一座雄伟的石城，这里是石峁先民的家园。石峁先民对玉器的形状似乎有着独特的偏好，他们习惯将玉器制作成片状的刀、铲、钺和牙璋。石峁先民在建造城墙时，还会将片状玉器嵌入墙体或埋入墙根。

对于远道而来的玉器，石峁人也会将它们二次加工，剖切成不同厚度的片状。

被改制的玉器，除了黄河下游山东龙山文化的玉牙璧、长江流域良渚文化的玉琮，还有肖家屋脊文化的玉鹰。

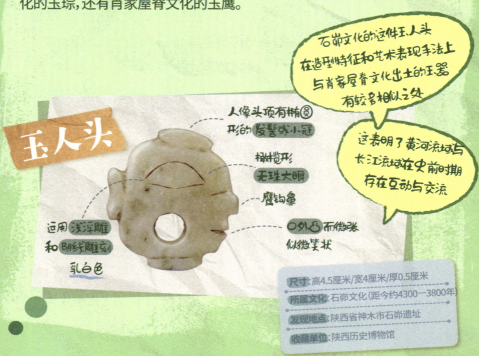

石峁文化的这件玉人头在造型特征和艺术表现手法上与肖家屋脊文化出土的玉器有较多相似之处

这表明了黄河流域与长江流域在史前时期存在互动与交流

玉人头

人像头顶有椭圆形的发髻或小冠

梭形眼

无珠大眼

鹰钩鼻

口外凸而微张
似微笑状

运用浅浮雕和阴线雕刻

乳白色

尺寸：高4.5厘米/宽4厘米/厚0.5厘米
所属文化：石峁文化（距今约4300—3800年）
发现地点：陕西省神木市石峁遗址
收藏单位：陕西历史博物馆

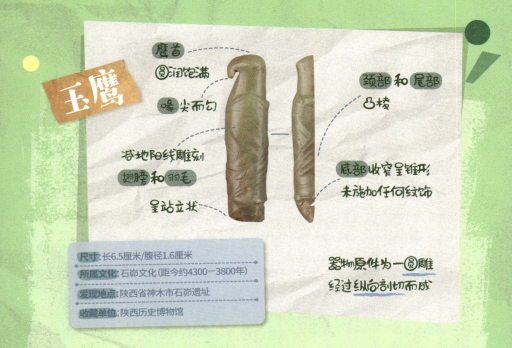

玉鹰

鹰首
圆润饱满

喙尖而勾

减地阳线雕刻
翅膀和羽毛

呈站立状

颈部和尾部
凸棱

底部收窄呈锥形
未施加任何纹饰

器物原件为一圆雕
经过纵向剖切而成

尺寸：长6.5厘米/腹径1.6厘米
所属文化：石峁文化（距今约4300—3800年）
发现地点：陕西省神木市石峁遗址
收藏单位：陕西历史博物馆

史前时期的祖国大江南北，有各具特色的用玉习俗与传统，同一支考古学文化先民使用的玉器在材质、形制、组合上具有高度的一致性。

考古学者经常能在本地玉器群中，发现具有外来文化因素的玉器。这充分说明，中国史前社会各个地方的人群，以玉器为媒介，产生了密切的交往。

玉器的"旅行"，不仅仅是物理空间上的迁徙，更是史前社会显贵们借助玉器这种奢侈品，进行远距离交流的生动写照。

4.从神坛与高位 走入日常生活中的玉器

如同生生不息、延绵不绝的中华文明一样，那些侍奉过神祖、彰显王权威仪的史前玉器，被一代代先民传承下来。在进入有文字记载的历史时期以后，它们的命运发生了转变。

这些玉器从神坛与高位走下，进入世俗生活中，在其漫长的历世时间里迸发出新的活力。

"爱美之心，人皆有之"，我国古代先秦时期的显贵人物，热衷于收集各种古物，对于传世古玉的喜好尤甚。春秋时期的贵族，也常将数千年前的红山文化玉器随葬在大墓中。

保存完好的玉玦形龙和玉勾云形器放在任何时代，都堪称精品，巧夺天工。

陕西韩城梁带村春秋时期 芮桓夫人墓中出土的红山文化玉玦形龙

陕西宝鸡春秋时期墓葬中出土的 红山文化玉勾云形器

因为玉料珍贵难得，所以后代工匠们往往会对前代玉器进行改制。改制玉器仍会保留原器的部分形制和纹饰特征，但从审美到功用都被赋予了新的内涵。

这两件玉琮虽然出土于西周遗址中，但从玉料材质及雕琢工艺来看，应属于齐家文化玉器

玉琮

青褐色及棕红色

素面无纹，打磨光滑

玉料一致
可能是将一件大玉琮
切割为两块

琮口去角为圆制成圆形琮口
切割处棱角分明
加工改制手法不甚讲究

尺寸：左:高4.6—5.2厘米/外方边长5.5—5.7厘米/内径4.2—5.4厘米/
右:高4.2厘米/外方边长6.1—6.3厘米/内径5.2厘米

所属文化:齐家文化(距今约4300—3800年)

发现地点:陕西省宝鸡市凤翔区柿园村

收藏单位:宝鸡市凤翔区博物馆

玉琮

分别加刻两个立人形象

墓主是周朝担任低官的普通贵族

将原本为
齐家文化的
素面玉琮
削去两个方角

尺寸:高5.9厘米/直径3.4厘米

时间:春秋时期

发现地点:陕西省渭南市澄城县刘家洼芮国墓地

收藏单位:陕西省考古研究院(陕西考古博物馆)

精心雕刻抽象的兽面纹和线条
创造出了一个极富创意的艺术品

玉璧

尺寸：直径21.9厘米/厚0.5—0.8厘米

时间：新莽时期

发现地点：陕西省西安市北郊文锦路新莽时期墓葬

收藏单位：陕西省考古研究院(陕西考古博物馆)

玉璧变身术

一件齐家文化的玉璧，
大而平整
表面光洁无纹

春秋时期
在某位显贵人物的号令下，
玉工小心翼翼地在玉璧表面
精心地雕刻了
细致精美的龙纹

新莽时期
这件玉璧又有了新的归宿，
它随着墓主人
一起被葬入墓中

清代的乾隆皇帝不仅命人将良渚玉琮加工成案头的笔筒，还模仿玉琮造型专门制作了瓷质的琮。

☐汉代的蒲纹青玉璧

☐元代的凤形玉佩

☐春秋时期的玉璧

☐战国时期的玉块形龙

　　不同时代人们对于玉器的审美和功能的认识不断改变，赋予了这些古老玉石以全新的面貌。

　　更为重要的是，这每一次转变，都承载着一个时代深邃的文化内涵，技术与观念在玉器之上显现出的迭代累加现象，则彰显着中华民族以玉为载体、赓续不绝的人文传承。由古及今，在玉的世界里，我们构建起了影响深远、福泽后世的精神家园。

为什么要把玉藏在城墙里？

二十世纪二三十年代，一种深绿色、呈扁薄片状的玉器广受收藏界青睐。人们对这些玉器知之甚少，只知道它们似乎都来自陕西省神木县石峁村。

当地农民盛传，石峁村的石墙缝里藏着玉，下大雨时，雨水经常能冲刷出玉器来。诡异的传闻使石峁古玉之事变得扑朔迷离。直到考古学家的介入，石峁古玉的神秘面纱才逐渐被揭开。

1. 考古证实：石峁藏玉于墙的传闻竟然是真的！

石峁遗址，位于陕西省榆林市神木高家堡镇石峁村。2012年，考古工作者在石峁遗址的城墙内发现了玉铲、玉璜、玉钺、玉刀等片状玉器，证实了石峁先民在修筑城墙时的确是有意将玉器嵌入墙体或埋入墙根的。

石峁遗址玉器的出土地点主要包括石砌门址周边、大型土坑墓、祭坛及祭祀坑

平面略呈梯形短边平直

黄绿色可见白色和墨色絮状纹理

单面钻孔

两侧边的下部微外弧

玉钺

双面弧刃刃部较为锋利

玉质温润有光泽，透光度好磨制精细，表面光滑

尺寸：	长12.3厘米/宽7.2厘米/厚0.2厘米/孔径1.2—1.4厘米
所属文化：	石峁文化（距今约4300—3800年）
发现地点：	陕西省神木市石峁遗址
收藏单位：	陕西省考古研究院（陕西考古博物馆）

2. 珍贵的玉器为什么会被藏进城墙里呢？

观点一 石峁人这样做是为了辟邪和祭祀

依据文化人类学的相关研究,石峁邻近的北亚地区,从古至今一直盛行萨满教。萨满教相信,神棒、神刀对恶鬼有防御作用,能够帮助人们消灾祛病,镇邪驱魔。也许,在石峁先民看来,玉刀、玉铲等扁薄形玉工具,与萨满教中的神棒、神刀一样,拥有辟除邪祟的强大力量。将它们嵌入城墙中,城墙就能固若金汤,永世长存。

此外,琼楼玉宇的传说,也证明了这种观念的存在与流传。

 《竹书纪年》:"桀倾宫,饰瑶台,作琼室,立玉门。"

从字面意思理解,即夏桀用玉石修建了亭台宫殿。这则记载虽是对夏桀劳民伤财、穷奢极欲的谴责,存在夸张渲染的色彩——在物质资料相对匮乏的夏代,完全使用玉修筑一座宫殿无疑是天方夜谭。但稍微留意下古文献中的"瑶台""琼室""玉门",不难发现它们的名称中都含"玉"或是"斜玉"旁。那藏玉于墙的石峁古城,不恰好对应了文献与神话中提到的用玉搭建的神仙宫阙吗?

萨满教 主要流行于亚洲和欧洲的极北部。萨满教的主要信仰有祖先崇拜、图腾崇拜和自然崇拜。萨满教认为,善良的神灵可以保佑并服务于人类,而"闲神"和"鬼怪"以及化身为动物的神或精灵都是人类生活中潜在的精神威胁,会给人类带来灾害和瘟疫。

《竹书纪年》 又称《汲冢纪年》,是晋国、魏国史官所著的编年体通史。全书共十三篇,记载了夏、商、西周、春秋时期的晋国以及战国时期的魏国的历史。

或许，石峁人在城墙建造过程中埋入少量玉器的做法，是后世琼楼玉宇传说的源头之一。神话典故并不全是古人凭空想象的，它与考古发现的偶合为我们解读历史提供了一种新的角度。

这是石峁人表达祈愿农业丰收的方式

石峁遗址的城墙中发现了大量的玉刀、玉钺，虽然制作精良，但是体极薄，并不适合征战，这些玉兵器可能并不是实战兵器。

将其嵌入城墙中，更多的是作祭祀祈福之用。除了玉兵器之外，石峁遗址的城墙中还发现了玉铲。

*图片出处：孙周勇《城与玉：石峁文化玉器的发现与研究》
引自庞雅妮主编、陕西历史博物馆编《玉韫·九州：中国早期文明间的碰撞与聚合》，
陕西师范大学出版总社，2023年，第28页。

玉铲是由史前时期常见的农业生产工具——石铲演变而来的。石峁城墙及基址中发现的诸多玉铲，可能是用于祭祀仪式中，表达了先民祈求农业丰收的美好愿望。

　　考古发现证实，石峁遗址的农业已经发展到较高水平，主要种植粟和黍，同时还有种类繁多的蔬菜。玉铲的出现，也印证了农业在石峁人的生活中扮演着重要的角色。

3. 除了城墙中的玉器，考古学家还有一个更惊悚的发现

　　石峁城墙东门路面下和墙基外侧分别集中埋放了24颗人头。这些头骨以年轻的女性居多，一些头骨上有明显的砍斫和灼烧痕迹。研究发现，这些女性在体质特征和饮食习惯方面与石峁本地人有较大差异，可能是被俘后惨遭杀害的外族人。在石峁人建造城池时，他们的头颅被当作祭品敬献给神灵。

　　听起来很恐怖！但是，在石峁先民生活的龙山时期，中华大地各区域文明冲突和战争日益频繁，以战俘作为城墙、城壕、房屋或广场的奠基牺牲之事屡见不鲜。对石峁先民来说，人头奠基满足了他们辟邪护佑的需要，也是石峁统治者构建精神屏障、控制周边中小型聚落的重要手段。

无论藏玉于墙是出于石峁人禳神祛邪的需要,还是源于石峁人心中祈愿农业丰收的美好愿望,透过这种神秘而有趣的文化现象,我们可以看到:早在龙山文化时期,我们的祖先就已经拥有了成熟的建筑能力和丰富多彩的精神世界。

　　正如云南普米族在建筑奠基仪式中演唱的那首歌:

　　　　"我们寻找一个藏金埋玉的地方,打上地基的围栏,挖了第一锄基槽,埋下了第一个基石。"

　　4000多年前,在黄土高原上,石峁先民将一块块精心打磨的玉器放入正在修筑的城墙中,依着山坡,祈愿着丰收与平安。

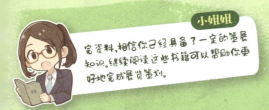

小姐姐

完资料，相信你已经具备了一定的策展知识。继续阅读这些书籍可以帮助你更好地完成展览策划。

参考书单

- 国家文物局、中国博物馆协会:《博物馆陈列艺术》,文物出版社,1997年。

- 广东省博物馆协会:《博物馆工作指南》,广西师范大学出版社,2023年。

- 黄洋、陈红京:《陈列展览设计十讲》,上海交通大学出版社,2019年。

- 陆建松:《博物馆展览策划:理念与实务》,复旦大学出版社,2016年。

- 阿德利安·乔治:《策展人手册》,ESTRAN艺术理论翻译小组译,北京美术摄影出版社,2017年。

- 古方:《中国出土玉器全集》,科学出版社,2020年。

- 杨晶:《中国史前玉器的考古学探索》,社会科学文献出版社,2011年。

参考书单

- 郭大顺、洪殿旭:《红山文化玉器鉴赏》,文物出版社,2014年。

- 刘斌:《法器与王权:良渚文化玉器》,浙江大学出版社,2019年。

- 叶舒宪:《玉石神话信仰与华夏精神》,复旦大学出版社,2019年。

- 神木市石峁文化研究会:《石峁玉器》,文物出版社,2018年。

- 杨瑞:《石峁王国之石破天惊》,陕西人民出版社,2017年。

- 何努:《陶寺物华:陶寺遗址出土文物类全概览》,科学出版社,2022年。

- 庞雅妮:《玉韫·九州:中国早期文明间的碰撞与聚合》,陕西师范大学出版总社,2023年。

开始你的策展！

撰写前言

前言

小姐姐

经过了很辛苦的策展准备，现在可以动手布置你的展览啦！

撰写结语

结语

撰写单元文字

第一单元

单元名：_____

单元文字：_____

_____

_____

_____

第二单元

单元名：_____

单元文字：_____

_____

_____

_____

第三单元

单元名：_____

单元文字：_____

_____

_____

_____

第四单元

单元名：_____

单元文字：_____

_____

_____

_____

撰写说明文字

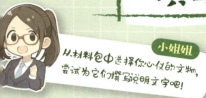

小姐姐

从材料包中选择你心仪的文物，尝试为它们撰写说明文字吧!

名称:

文化(年代):

尺寸:

出土地点:

收藏单位:

名称:

文化(年代):

尺寸:

出土地点:

收藏单位:

名称:

文化(年代):

尺寸:

出土地点:

收藏单位:

名称:

文化(年代):

尺寸:

出土地点:

收藏单位:

名称:

文化(年代):

尺寸:

出土地点:

收藏单位:

名称:

文化(年代):

尺寸:

出土地点:

收藏单位:

名称:

文化(年代):

尺寸:

出土地点:

收藏单位:

设计展标

亲自设计你的展标LOGO吧!

展厅设计

展开书的封面

材料包

快看看书的封面，展厅已经为你准备好了！从材料包的文物贴纸中选择你需要的，开始进行策展吧！

策展材料包 ①

第一章 P25 互动贴纸

小姐姐

使用这些贴纸来还原玉器的制作过程吧。将贴纸贴到书里对应位置使其拼合成完整的玉璧。

小姐姐

根据书中对玉器的描述将以上手绘玉器图贴到书中对应位置。

第二章 P30 互动贴纸

策展材料包 ②

小姐姐

快看！这些都是书里缺失的玉器，快根据外形轮廓将他们放到对应位置吧。

第二章 P36 互动贴纸

策展材料包 ③

这是驯兽的神人

这是张牙舞爪的神兽

第三章 P45 互动贴纸

小姐姐

神人兽面纹虽然花纹复杂，但是用我为你准备的这个贴纸就能轻松区分这个神秘的图案！快根据描述和外形轮廓将它贴到书中对应位置！

第五章 P68 互动贴纸

封面互动贴纸

封面互动贴纸

图书代号　SK25N0075

图书在版编目（CIP）数据

　　和小姐姐一起来策展：陕西历史博物馆"玉韫·九州"创意互动书 / 庞雅妮主编. -- 西安：陕西师范大学出版总社有限公司，2025.1. -- ISBN 978-7-5695-4711-5

　　Ⅰ．K876.84-49

　　中国国家版本馆CIP数据核字第2024R2S324号

和小姐姐一起来策展：陕西历史博物馆
"玉韫·九州"创意互动书

HE XIAOJIEJIE YIQILAI CEZHAN: SHAANXI LISHI BOWUGUAN
"YUYUN · JIUZHOU" CHUANGYI HUDONG SHU

庞雅妮　主编

出版统筹　刘东风
责任编辑　姚蓓蕾
责任校对　彭　燕
装帧设计　高雅洁　张兆晖
插画绘制　张兆晖
出版发行　陕西师范大学出版总社
　　　　　（西安市长安南路199号　邮编 710062）
网　　址　http://www.snupg.com
印　　刷　深圳市汇亿丰印刷科技有限公司
开　　本　889 mm×1194 mm　1/32
印　　张　4.125
字　　数　130千
版　　次　2025年1月第1版
印　　次　2025年1月第1次印刷
书　　号　ISBN 978-7-5695-4711-5
定　　价　88.00元

读者购书、书店添货或发现印装质量问题，请与本公司营销部联系、调换。
电话：（029）85307864　85303629　　传真：（029）85303879